Retour à Marseille

Photographies anciennes :
collection Daniel Quesney

Photographies contemporaines :
© Daniel Quesney

Retour à Marseille

Les mêmes lieux photographiés d'un siècle à l'autre

DANIEL QUESNEY

LES BEAUX JOURS

Daniel Quesney est photographe. Il a participé de 1993 à 1998 à la mise en œuvre de l'Observatoire photographique du paysage auprès du ministère de l'Environnement et dirige actuellement l'agence de photographie Paysage(s). Il a publié en 2005 *Retour à Paris* aux éditions Parigramme.

Sommaire

Avant-propos

L'immense développement de la carte postale, au début du XXe siècle, a favorisé la production d'un maillage photographique resserré du territoire. À aucun autre moment de l'histoire de la photographie, un état des lieux aussi complet n'a été réalisé. Du moindre hameau aux grandes villes, tous les espaces habités ont été photographiés. Ces images simples, souvent d'une grande qualité artistique et documentaire, nous donnent accès à quantité d'informations sur la société d'alors. Beaucoup de ces photographies échappent au pittoresque généralement associé à l'industrie de la carte postale. Elles témoignent plutôt d'une relation positive à l'espace urbain de leur temps et aux transformations qui le modifient.

La représentation de ces paysages ordinaires et leur grande diffusion sous forme de cartes postales montrent qu'ils ont été largement assumés par leurs habitants. C'est le signe d'une forte identification de la population à son milieu, d'une intimité avec les lieux. Qu'est devenue cette forme d'urbanité ?

Mais le questionnement ne se limite pas à l'examen des images anciennes ; la confrontation avec les mêmes lieux aujourd'hui est source de nouvelles interrogations. Qui, de nos jours, montrerait à ses proches une image de son quartier, de sa rue ou de son immeuble ? Comment représentons-nous les paysages contemporains et plus particulièrement les paysages urbanisés ? Jusqu'où voulons-nous bien les considérer tels qu'ils sont ?

La « reconduction » photographique fait apparaître ces questions tout en contribuant à y apporter quelques réponses. C'est l'évidente faculté de dévoilement de la reconduction qui m'a donné l'envie de la mettre en œuvre largement, de renouer avec ces états des lieux photographiques, avec ces projets utopiques d'inventaire, de mémorisation du monde, dont la photographie est coutumière.

La reconduction est l'action de reprise de vue à l'identique d'une photographie antérieure, en respectant le plus précisément possible le point de vue d'origine, le cadrage et les différents paramètres comme la saison, la lumière… Cette technique spécifiquement photographique est un moyen d'améliorer la perception de lieux supposés familiers – ici nos paysages marseillais – et d'accéder aux phénomènes complexes et parfois discrets qui les modifient sans cesse. L'image avant/après qui en résulte n'est pas la juxtaposition de deux mondes antagonistes mais celle de deux moments de l'existence d'un même « organisme » urbain avec ses événements, ses immeubles, ses chantiers, ses véhicules, ses passants, sa lumière. Tout cela est destiné à changer, se transformer, apparaître ou disparaître.

Le travail de reconduction photographique porte à comprendre et non à verser *a priori* dans la nostalgie d'un monde perdu. Le principe des comparaisons n'est pas qu'un simple jeu des sept erreurs car les indices nous laissent entrevoir des relations plus subtiles. Puisse cette centaine de couples d'images marseillaises témoigner ainsi des « petits mondes » qui, jour après jour, façonnent l'identité de la ville.

Daniel Quesney

13 - Marseille - Notre-Dame de la Garde
MARSEILLE
DEPART

Notre-Dame-de-la-Garde

Coiffant la colline de la Garde, la basilique en a naturellement pris le nom. Bien avant elle, en 1218, une chapelle avait déjà été construite sur les hauteurs. L'actuelle Notre-Dame-de-la-Garde date des années 1860.

L’entrée des ports

elle perspective vers le nord depuis la colline de Notre-Dame-de-la-Garde : le Vieux-Port, le fort Saint-Jean, l’entrée u port de commerce de la Joliette et la digue du Large.

Le boulevard Tellène

.e boulevard Tellène vu depuis la colline de la Garde. Au loin, les îles du Frioul marquent l'entrée de la rade de Marseille : 'omègues (à gauche), la petite île du château d'If et Ratonneau (à droite).

59 MARSEILLE. — Le Fort Saint-Jean. — LL.

Le fort Saint-Jean vu du Pharo

Cette vue sur la passe du Vieux-Port laisse apparaître, de gauche à droite, la cathédrale de la Major, la tour du Fanal du fort Saint-Jean, le clocher de l'église Saint-Laurent, celui de l'église des Accoules et la tour carrée du fort Saint-Jean.

2. - MARSEILLE. - *Le Pont à Transbordeur* - BR - 1501

L’entrée du Vieux-Port vue du Pharo

'onstruit au début du XIXe siècle à l’entrée du Vieux-Port, le pont assurait le passage des piétons et des véhicules ›ntre les deux rives. Un ascenseur permettait d’atteindre la passerelle supérieure, qui, du haut de ses 74 mètres, ›ffrait un panorama exceptionnel sur la ville. L’ouvrage a été détruit en août 1944 par les troupes allemandes.

28 MARSEILLE. — Le Château du Pharo. — LL.

Le palais du Pharo

La vue imprenable sur la ville depuis le promontoire de la tête de Maure avait séduit Napoléon III. C'est pourquoi il fit construire, entre 1858 et 1870, un palais destiné à être la résidence de l'impératrice Eugénie. Le couple impérial n'habita cependant jamais les lieux ; Eugénie fit don de la propriété à la ville en 1885. En 1904, le palais accueillit une école de médecine. Il abrite aujourd'hui un centre de congrès.

G. M.
85 – Marseille. – Le Fort St Jean

Le fort Saint-Jean

ɔndé au XIIIe siècle pour garder l'entrée du port, le fort Saint-Jean doit son nom à la commanderie des hospitaliers ɐ Saint-Jean-de-Jérusalem. La tour carrée (dite du roi René) affectée à la surveillance de l'entrée du port a été ɔnstruite au XVe siècle tandis que la tour ronde du Fanal date de 1644. Le corps du fort a été aménagé par Vauban la fin du XVIIe siècle. Le fort Saint-Jean abritera le musée des Civilisations de l'Europe et de la Méditerranée.

MARSEILLE - Sortie du Vieux-Port — C.M.

L'entrée du Vieux-Port

n arrière-plan, le clocher de la vieille église des Accoules domine les reconstructions d'après-guerre sur les quais. droite, les trois tours du quartier Belsunce.

62 MARSEILLE. — Le Vieux Port. — LL.

Le Vieux-Port

e Vieux-Port et, en fond de tableau, le quartier du Panier. La vocation de port de pêche et de commerce a largement sparu au profit de la navigation de plaisance.

REPUBLIQUE FRANÇAISE
5c
POSTES
VAR
1715. MARSEILLE – Un coin du vieux Port

Le ferry-boat

e bateau relie les deux rives du Vieux-Port, de l'hôtel de ville à la place aux Huiles, et permet d'éviter d'en faire le our à pied. Il a été immortalisé par Marcel Pagnol dans sa trilogie marseillaise (*Marius, Fanny* et *César*).

Gd. HOTEL LOUVRE et PAIX
MARSEILLE
Marseille 4.- L'Hôtel de Ville

L'hôtel de ville

'hôtel de ville quelques instants avant l'accostage. À droite, derrière les arbres, on aperçoit l'ancien hôpital de 'Hôtel-Dieu.

MARSEILLE - Quai du Vieux Port et la Mairie — L.R.

L'hôtel de ville et le quai du Port

hôtel de ville de Marseille a été construit entre 1665 et 1673 par Gaspard Puget, architecte municipal. Ce bâtiment st l'un des rares à avoir échappé à la large destruction par les forces allemandes du quartier du Panier en février 943. En arrière-plan, on distingue les reconstructions réalisées à partir de 1949 par l'architecte Fernand Pouillon.

RÉPUBLIQUE FRANÇAISE
5c
POSTES
61 MARSEILLE. — Un Coin du Vieux Port — LL.

Le Vieux-Port depuis l'hôtel de ville

e port historique de Marseille régna sans partage jusqu'au XIXe siècle. Mais l'arrivée des bateaux à vapeur nécessita es installations d'un autre gabarit. Le port de la Joliette y pourvut en 1853. Le Vieux-Port fut dès lors essentiellement oué à accueillir les bateaux de plaisance.

155 MARSEILLE. — Débarquement des Oranges. — EL

Le quai du Port

Ici étaient autrefois déchargés les agrumes provenant d'Afrique du Nord. Le quai est aujourd'hui surtout dévolu à la promenade.

1917 - Marseille - Un coin du Quai de la Fraternité

Le quai du Port

Situé au nord du Vieux-Port, ce quai a été amplement agrandi, au détriment du bassin, pour favoriser la circulation automobile et piétonne. La plupart des quais sont aujourd'hui utilisés par des sociétés nautiques.

524 MARSEILLE - Eglise des Augustins
EAU DE
AUX AUGUSTINS
VETEMENTS TOUT FAITS
VETEMENTS SUR MESURE

L'église Saint-Ferréol

L'église a été construite sur l'emplacement du couvent des Augustins, établi en 1363. Achevée en 1542, Saint-Ferréol a connu ensuite de nombreuses transformations et amputations. La façade actuelle date de 1874. Cette église a toujours été un lieu privilégié de la dévotion populaire.

MARSEILLE - Rue de la République

La rue de la République au quai des Belges

Ancienne rue Impériale, cette voie haussmannienne inaugurée en 1864 a été percée pour relier le Vieux-Port au port de commerce de la Joliette alors en plein développement. Son aménagement nécessita la destruction d'une partie de la butte des Carmes.

23 — MARSEILLE — Un coin du Quai des Belges — IP

Le quai des Belges et le quai du Port

Le quai qui accueille le marché aux poissons du Vieux-Port est aussi le point d'embarquement des bateaux de tourisme pour le château d'If ou les calanques. En arrière-plan, les bâtiments réalisés par Fernand Pouillon qui réaménagea le quartier du Panier après les destructions de 1943.

8 - Marseille - La Cannebière

La Canebière depuis le Vieux-Port

Située dans le prolongement du Vieux-Port, la plus célèbre avenue de Marseille conduit au quai des Belges. Depuis longtemps, elle est l'une des artères les plus animées de la ville.

126. - MARSEILLE. — Quai des Belges et Eglise des Augustins. - R. V.
Belgians' Quay and Augustinian Church.
NEMATOG

Le quai des Belges

À l'extrémité du Vieux-Port, le quai des Belges est situé à la confluence de l'avenue de la République et de la Canebière. Anciennement appelé quai de la Fraternité, ce carrefour, envahi par la circulation automobile, reste très fréquenté.

101 - L.P. - MARSEILLE - LE QUAI DU CANAL

Le cours d'Estienne-d'Orves

Au XVIIIe siècle, les anciens arsenaux des galères furent transformés en un port de pêche et de commerce. Le canal fut comblé en 1927 pour cause d'insalubrité. Devenu un parking dans les années 1960, le cours réhabilité a aujourd'hui des airs de piazza italienne.

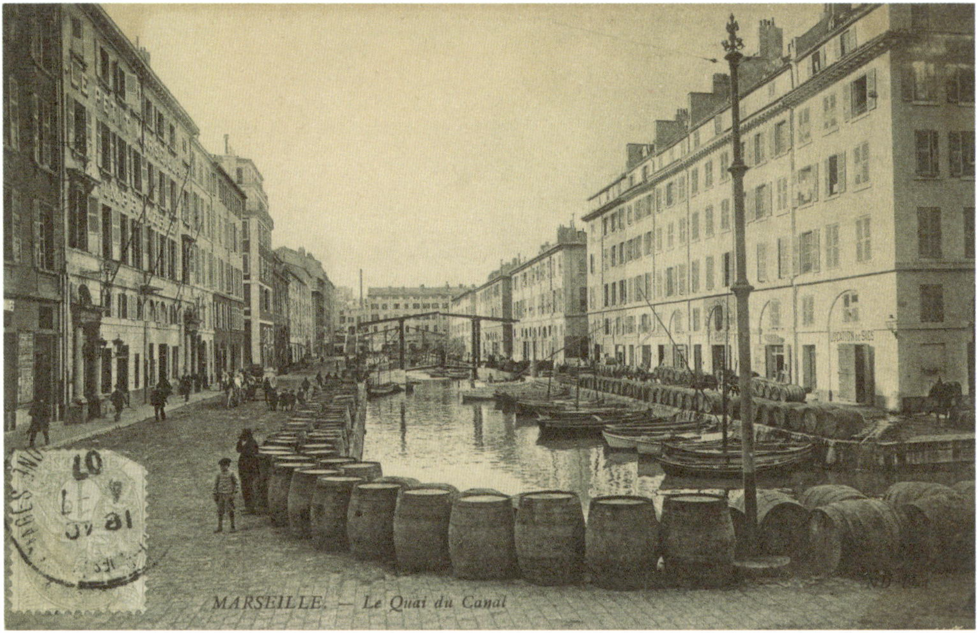

MARSEILLE. — Le Quai du Canal

Le cours d'Estienne-d'Orves

Du XVe au XVIIIe siècles, c'est aux arsenaux – véritable ville dans la ville – que l'on construisait et amarrait les galères. L'abandon de ces navires, en 1781, sonna le glas des arsenaux qui furent vendus à la municipalité.

MONT
Cie DE NAVIGATION MIXTE
GRAND HOTEL BEAUVAU

Le Vieux-Port et le quai des Belges

Le bassin naturel (Lacydon) où débarquèrent les Phocéens vers 600 avant J.-C. est devenu l'un des ports les plus importants de Méditerranée jusqu'au XIXe siècle.

31 - MARSEILLE - Abbaye de St-Victor
Edit. Nouvelles Galeries

L'abbaye Saint-Victor

L'abbaye, fondée au début du Ve siècle sous le vocable de saint Victor, puis détruite par les Sarrasins, a été reconstruite au XIe siècle et fortifiée au XIVe siècle par le pape Urbain V. Une vierge noire y est vénérée depuis le XIIIe siècle. Celle-ci est sortie en procession chaque année lors de la chandeleur, le 2 février.

778 MARSEILLE - Le Haut Fort St-Nicolas
REPUBLIQUE FRANÇAISE
5c
POSTES
Guende phot. Marseille

Le fort Saint-Nicolas

Construit sous Louis XIV à l'emplacement de l'ancienne tour Saint-Nicolas, le fort du même nom avait pour fonction de réduire les révoltes marseillaises : ses canons étaient dirigés vers la ville ! Il fut en partie détruit pendant la Révolution puis, au XIXe siècle, scindé par la construction du boulevard Charles-Livon.

5c
POSTES
Phototypie E. Lacour Marseille
50 - Marseille - Vue Générale du Port

L'ancien bassin de carénage

Au premier plan, l'ancien bassin de carénage. Les bâtiments reconstruits après la guerre le long du quai du Port et les trois tours du quartier Centre Bourse ferment la perspective.

BASSIN DE

L'ancien bassin de carénage

La sortie du tunnel routier passant sous le Vieux-Port et, en arrière-plan, le fort Saint-Jean et le quartier du Panier. La vue ancienne est antérieure à la construction du pont transbordeur (1905).

31 - MARSEILLE
Entrée du Vieux Port
A. David et R. Cayol, Marseille

L'ancien bassin de carénage

Le bassin de carénage où l'on réparait autrefois les coques de bateaux est aujourd'hui dédié à la navigation de plaisance.

244 MARSEILLE. — *La Nacelle du Transbordeur.* — LL.

La capitainerie du Vieux-Port

La nacelle du pont transbordeur permettait de franchir la passe du Vieux-Port en 90 secondes. Elle pouvait contenir 200 passagers et un véhicule à cheval et effectuait 250 traversées par jour. À son emplacement se trouvent aujourd'hui les pontons de la capitainerie du port.

N. G. Editeur
MARSEILLE - 16 - LE VIEUX PORT & LA TOURETTE

L'entrée du Vieux-Port

La tour carrée, dite du roi René, fait partie du fort Saint-Jean qui garde l'entrée du Vieux-Port. La destruction partielle du Panier, en 1943, laisse apparaître l'église Saint-Laurent. Celle-ci, située dans l'ancien quartier des pêcheurs, a été édifiée au XIIe siècle dans un style roman provençal.

Phototypie E. Lacour, 19, rue Thubaneau.
Vieux Marseille - 128 - La Montée des Accoules.

La montée des Accoules

La montée des Accoules est une ruelle typique du Panier. Celui-ci fut longtemps le quartier chaud de Marseille où se retrouvaient petits voyous, grands truands et marins de passage.

Phototypie E. Lacour, 19, rue Thubaneau

Vieux Marseille - 126 - La Montée des Accoules et le Clocher du Calvaire

Le clocher des Accoules

L'église d'origine, construite aux XIe et XIIe siècles, a été détruite pendant la Révolution. Seul le clocher a été conservé car son horloge donnait l'heure à la ville. L'église actuelle, Notre-Dame-de-Bon-Secours, a été édifiée en 1828 et restaurée en 1951 sur les crédits des dommages de guerre.

HOSPICE
DE LA
CHARITE
TROUPES COLONIALES
200. — MARSEILLE : Caserne de la Charité
Dépôt des Troupes Coloniales — E.L.

L'hospice de la Charité

Construit en 1670 par Pierre Puget, l'établissement était destiné à l'enfermement des vagabonds. Au XIXe siècle, il devint un hospice de la vieillesse et de l'enfance… ce qui ne traduit pas un véritable changement de vocation. L'endroit fut enfin transformé en caserne au XXe siècle, puis abandonné. Réhabilité grâce à Le Corbusier, l'ancien hospice abrite aujourd'hui le musée d'Archéologie méditerranéenne et celui des Arts africains, océaniens et amérindiens.

419
E. A. — Marseille. — Les Pierres-Plates (bains populaires).

Le J4 et le parking du port de la Joliette

L'ancienne plage populaire de Marseille, les Pierres-plates, a totalement disparu. Elle a été remplacée par un parking et des espaces aménagés où sont programmées des activités temporaires.

C. J. 59 MARSEILLE. — Quai et Bassin de la Joliette.

Le J4 et le parking du port de la Joliette

Port de commerce au XIXe siècle, la Joliette est aujourd'hui une gare maritime. Ses abords sont en cours de réaménagement.

MARSEILLE — *La Joliette. Quais et entrée du port*

L'entrée du port de la Joliette

Le canal Saint-Jean, au premier plan de la vue ancienne, est devenu aujourd'hui un tunnel routier. Au loin, les îles du Frioul : Pomègues, la petite île du château d'If et Ratonneau.

559 MARSEILLE - Vue Générale des Bassins de la Joliette
Guende phot. Marseille

La nouvelle Major et le port de la Joliette

La cathédrale, dont la première pierre fut posée en 1852 par Napoléon III, est l'œuvre de l'architecte Espérandieu à qui l'on doit également Notre-Dame-de-la-Garde et le Palais Longchamp. Elle domine les bassins du port de la Joliette.

7. Marseille. — Canal St Jean et Cathédrale
REPUBLIQUE FRANÇAISE
5c
POSTES

La nouvelle Major

Avec des décorations byzantines, une façade romane et des plans gothiques, cette cathédrale d'inspiration orientale témoigne de la démesure du Second Empire. L'ancien canal Saint-Jean, qui reliait le Vieux-Port au port de la Joliette, a été remplacé par un tunnel routier passant sous le Vieux-Port.

Phototypie E. Lacour, 19, rue Thubaneau.
Marseille - 1056 - L'Ancienne Major

La vieille Major

Construite aux XIIIe et XIVe siècles, la vieille Major, bel exemple d'architecture provençale, a été sauvée de la destruction totale par une campagne d'opinion alors qu'on édifiait la nouvelle Major. Sa partie occidentale et son baptistère ont cependant été abattus.

HORLOGERIE
Hᵀ VASSAL
Phot Lacour
Marseille - 81 - La Place des Treize Coins

La place des Treize-Cantons

Située non loin des deux cathédrales de la Major, cette place doit son nom à l'auberge des Treize-Cantons tenue par un Suisse au XVIIe siècle. *Cantoun* signifiant coin en provençal, la place fut temporairement dite des Treize-Coins avant de retrouver son nom d'origine.

29. Marseille . Quais d'embarquement des Transatlantiques
L. V. & Cie

Les quais de la Joliette

Ce secteur du port de la Joliette est aujourd'hui le terminal des ferries à destination du bassin méditerranéen. Au premier plan, les voies rapides d'accès au Vieux-Port.

Edition des Nouvelles Galeries
25 Marseille - Bassin de la Joliette

Le bassin de la Joliette

Anciennement dévolu au commerce, le port de la Joliette est maintenant une gare maritime. Ses abords sont en cours de requalification.

32 - Marseille - Les Docks des Messageries Maritimes

Le bassin de la Joliette depuis la place d'Afrique

Premier bassin du port de commerce, le bassin de la Grande Joliette fut terminé en 1854. D'une surface de 20 hectares, il abrite aujourd'hui la gare maritime desservant principalement la Corse et les pays d'Afrique du Nord.

185 — Marseille. - Place de la Joliette. - Les Docks.

Les docks de la Joliette

Construits entre 1858 et 1866 sur 365 mètres de long, les docks du port de la Joliette bordent le quai du Lazaret. Inspirés de ceux de Londres, ils étaient parmi les plus modernes d'Europe. Réhabilités dans les années 1990, ils abritent aujourd'hui des bureaux et des restaurants.

65. MARSEILLE — *Place de la Joliette* - E. L.

La place de la Joliette

Établie vers 1856 sur des terrains conquis sur la mer, la place de la Joliette faisait partie des aménagements du nouveau port au milieu du XIXe siècle.

116. MARSEILLE — Place Sadi-Carnot et Rue Colbert - EL.

La place Sadi-Carnot

Les perspectives rectilignes et les immeubles haussmanniens des rues Colbert et de la République témoignent des campagnes de travaux des années 1860-1880.

La porte d'Aix

Cet arc de triomphe a été édifié en 1823 sur le chemin reliant Marseille à Aix, en l'honneur du duc d'Angoulême. Les statues du côté sud qui représentent la Vigilance, la Clémence, la Force et la Tempérance ont été détériorées lors des pluies diluviennes de 1937 et déposées depuis.

REPUBLIQUE FRANÇAISE
5c
POSTES
BOYER
Guende phot. Marseille
111 Marseille – La Rue d'Aix

La rue d'Aix

Dans le prolongement du cours Belsunce, la rue d'Aix conduit à l'arc de triomphe de la porte d'Aix. Elle fait partie du quartier Belsunce, l'un des plus populaires de Marseille et, depuis des siècles, le principal lieu d'immigration.

42 Marseille - La Gare St. Charles (Arrivee)
Edition Nouvelles Galeries

La gare Saint-Charles

Inaugurée le 8 janvier 1848, la gare Saint-Charles a été construite sur l'emprise d'un ancien couvent. Perchée sur une butte, isolée, la gare a été reliée à la ville en 1927 par un grand escalier donnant sur le boulevard d'Athènes.

36 _ MARSEILLE ._ L'Escalier Monumental de la Gare.
The Grandiose stair case(Leading to the station)
SENES et ARNAL
Architectes

L'escalier de la gare Saint-Charles

Haut de 15 mètres, comprenant 104 marches et 7 paliers, le grand escalier est orné de pylônes lampadaires, œuvres du sculpteur Carli. Ils se veulent des allégories de Marseille, capitale du commerce et de l'industrie.

145. MARSEILLE – *Place Bernex – Entrée du Palais Longchamps* – EL.

Le bassin du palais Longchamp

Créé à partir de 1832, le boulevard mène au palais et au parc Longchamp, anciennement parc zoologique. Le quartier eut longtemps les préférences de la haute bourgeoisie de Marseille qui souhaitait s'éloigner de l'agitation du centre-ville.

MARSEILLE - Palais Longchamp (motif principal) — C.M.

Le palais Longchamp

Le palais présente la particularité d'abriter un château d'eau. Celui-ci est alimenté par un canal de 87 kilomètres drainant les eaux de la Durance jusqu'à Marseille. Les deux ailes du palais accueillent le musée des Beaux-Arts et le muséum d'Histoire naturelle.

26 Marseille - Le Bd. de la Magdeleine
CAMOIN DENTISTE
PHARMACIE
PAUL PLANCHE
Edition Nouvelles Galeries

Le carrefour des Réformés

En haut de la Canebière, cet important carrefour est l'un des points névralgiques de Marseille où se rejoignent les principaux axes qui desservent l'est de la ville.

58. MARSEILLE. — Allées de Meilhan & des Capucines. — LR

Le monument des Mobiles

À la jonction de l'allée Gambetta et de la Canebière, le monument des Mobiles a été inauguré en 1894. Il honore les gardes mobiles des Bouches-du-Rhône ayant combattu lors de la guerre de 1870.

L'église des Réformés

Saint-Vincent-de-Paul, que les Marseillais appellent plus volontiers l'église des Réformés, fut construite sous le Second Empire à l'emplacement du couvent des Augustins Réformés, en haut de la Canebière. Sur la droite, le monument des Mobiles.

13, Marseill e. — Cours Belsunce

Le cours Belsunce

Anciennement cours de Marseille, cet axe a été créé sous Louis XIV pour relier les parties nord et sud de la ville. Il est tenu pour l'emblème du baroque marseillais.

25 MARSEILLE. — Cours St-Louis. — EL.

Le cours Saint-Louis

Le cours Saint-Louis se situe dans le prolongement du cours Belsunce, dont il est séparé par la Canebière. En 1847, seize pavillons de fonte y furent installés pour abriter des fleuristes. Aujourd'hui, quelques marchands de fleurs s'y trouvent encore, même si ce sont surtout les étals de fruits de mer qui en font la réputation.

20. MARSEILLE – Rue Noailles

La Canebière

L'avenue la plus célèbre de Marseille en est aussi le symbole. La Canebière fut popularisée par une chanson de Vincent Scotto. Son nom dérive du provençal *canebe,* autrement dit le chanvre avec lequel on confectionnait des cordages pour les bateaux.

54. Marseille. la Bourse.

La Bourse

En bas de la Canebière, la Bourse est une création architecturale typique du Second Empire. Elle accueille la plus ancienne chambre de commerce de France, dont la fondation remonte à Henri IV.

90 MARSEILLE - La Préfecture
Guende phot. Marseille

La préfecture

Long de 90 mètres et large de 80, ce bâtiment aux abondantes sculptures et aux aménagements intérieurs luxueux témoigne de la démesure architecturale du Second Empire.

MARSEILLE. — Fontaine Estrangin

La place Estrangin

Cette place a été aménagée en 1803 dans le prolongement de la rue Paradis. Œuvre du sculpteur Allar, la fontaine monumentale créée en 1890 représente les quatre continents.

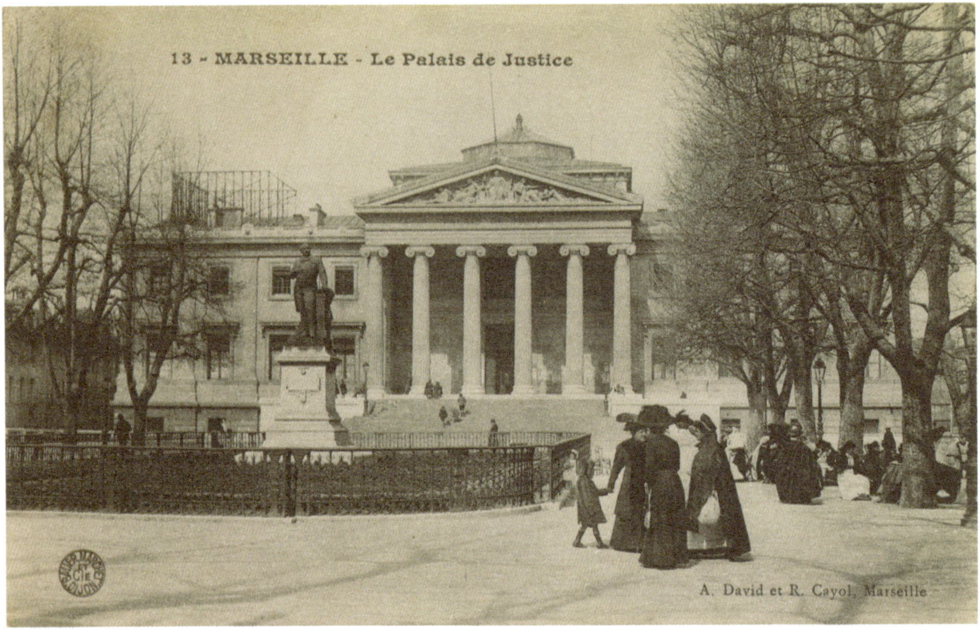
13 - MARSEILLE - Le Palais de Justice
A. David et R. Cayol, Marseille

Le palais de justice

Ce palais de justice fut construit entre 1856 et 1862, en remplacement de celui du quartier du Panier devenu trop petit. Dans le même temps, la place qui l'accueille a été aménagée en promenade et en terrain de jeux pour les enfants des familles bourgeoises du quartier.

Guende. phot. - Marseille
96 Marseille - Le Grand Théâtre Municipal

L'opéra

Construit par l'architecte Benard, l'opéra fut inauguré en 1787 puis détruit par un incendie, le 13 novembre 1919. Ce bâtiment, si cher au cœur des Marseillais, fut entièrement reconstruit au même emplacement et inauguré à nouveau en 1923.

53 MARSEILLE. — RUE DE ROME. — LL.

La rue de Rome

Percée à la fin du XVIIe siècle, cette artère s'appelait alors « Grand-chemin-de-Rome ». Cette rue est l'un des tronçons du grand axe nord-sud de Marseille qui traverse la ville en ligne droite de la gare d'Arenc au rond-point de Mazargues.

58 — Marseille. - Place Castellane. - L'Obélisque.
P.H. & Cie
NANCY

La place Castellane

La place porte le nom du marquis qui offrit à la ville le terrain. L'obélisque, dressé en 1811 à l'occasion de la naissance du roi de Rome, a été transféré en 1911 au rond-point de Mazargues. Une fontaine, due au sculpteur Allar, le remplace aujourd'hui.

Le cours Lieutaud

Le cours, qui tient son nom du propriétaire du terrain sur lequel il a été percé, fut commencé en 1789 pour assurer la jonction entre les boulevards Baille et Garibaldi.

782. MARSEILLE - Le Cours Lieutaud

Le cours Lieutaud à la rue d'Aubagne

La réalisation du deuxième tronçon du cours Lieutaud, à partir en 1864, nécessita la percée de la colline… en coupant la rue d'Aubagne et la rue Estelle. On construisit alors deux passerelles enjambant le cours pour prolonger ces voies.

86 MARSEILLE - L'Eglise et la Place N.-D. du Mont

L'église Notre-Dame-du-Mont

Le grand marché central du cours Julien s'étendait jusqu'à cette place. L'église actuelle à la façade néoclassique fut construite en 1823 sur l'emplacement de l'ancienne Notre-Dame-du-Mont-de-Rome dans laquelle les marins rescapés d'un naufrage avaient usage de déposer des ex-voto.

33 MARSEILLE. — Le Marché Central. — LL.
POSTES

Le cours Julien

Créée en 1785, cette ancienne promenade s'appelait le cours des Citoyens. Mais les Marseillais lui ont toujours préféré le nom de Julien, l'un de ses habitants. Dès 1860, s'y installa l'un des plus grands marchés de gros et de détail ; le marché central est resté en activité jusqu'en 1972.

182 - MARSEILLE - Boulevard Perrier, vue prise des Escaliers

Le boulevard Perrier

Ce boulevard doit son nom à Antoine Théophile Hercule Perrier, riche négociant et armateur marseillais du XIXe siècle, qui fut l'un des fondateurs de la Compagnie des messageries maritimes de Marseille.

137 – MARSEILLE – Rue d'Endoume et Boulevard Bompard
PHARMACIE
PHARMACIE

Le quartier d'Endoume

Le quartier d'Endoume est l'un des plus attachants de Marseille. Bien que proche du centre-ville, il a su conserver une atmosphère de village.

128 — Marseille - ENDOUME - Place St Eugène — I P.

Le quartier d'Endoume

Le caractère authentique de ce quartier tranquille dominant la corniche lui vaut de subir une certaine pression immobilière. On rejoint l'endroit par des ruelles et des escaliers pittoresques.

5130 - Calanque de Méjean

La calanque de Méjean

Entre 1908 et 1915, la construction d'un chemin de fer longeant la Côte Bleue a rendu accessibles aux Marseillais la plupart des calanques du massif de la Nerthe. Long de 122 mètres et haut de 34, le viaduc de Méjean est l'un des nombreux ouvrages de cette ligne.

Le vallon des Riaux

À la sortie du village de l'Estaque, le hameau des Riaux devint, avec la croissance industrielle de la fin du XIXe siècle, un véritable village ouvrier. Le fond du vallon est maintenant traversé par le viaduc de la ligne de chemin de fer de la Côte Bleue.

L. P. - 25 - MARSEILLE - (LES ENVIRONS) L'ESTAQUE

Le port de l'Estaque

Situé sous le massif de la Nerthe, au nord du golfe de Marseille, l'Estaque était un village de pêcheurs renommé pour son argile servant à produire des tuiles exportées dans le monde entier. Son port s'est ensuite largement développé autour de la navigation de plaisance.

Phototyp. E. Lacour. — Marseille
627 - L'Estaque - Route de Rio-Tinto

L'Estaque

Protégé du mistral par le massif de la Nerthe, l'Estaque est un village pittoresque dont la vue sur Marseille, le charme et la lumière ont attiré de nombreux peintres comme Cézanne, Renoir, Braque, Derain, Dufy ou Marquet...

MISTRAL
GARAGE
MISTRAL
154. MARSEILLE — L'Estaque — Restaurant Mistral

L'Estaque

Depuis la construction, en 1900, de la route du littoral, l'Estaque est l'un des lieux de villégiature préféré des Marseillais ; ses restaurants sont aujourd'hui encore très fréquentés.

129 LA CORNICHE. — *Les Bains des Catalans.* — LL.

La plage des Catalans

La plage doit son nom à la communauté des pêcheurs espagnols installés à Marseille depuis le XVIIe siècle. L'ancien établissement de bains datant du XIXe siècle, abrite aujourd'hui les équipements du Cercle des nageurs. On y trouve aussi le plus ancien club de volley-ball de France.

Villa Lebigre, 58, Promenade Corniche

La corniche

La portion de la corniche comprise entre le vallon des Auffes et la plage des Catalans fut la dernière aménagée, à partir de 1861, dans le cadre de la construction du palais du Pharo et de l'ouverture de la plage des Catalans.

130 MARSEILLE. — La Corniche. — Le Vallon des Auffes. — LL.

Le vallon des Auffes

La petite crique prit le nom de vallon des Auffes en 1747, quand les auffiers s'y installèrent pour travailler un jonc, la sparte (*aufo* en provençal), servant à fabriquer les cordages de bateaux. Aujourd'hui, ce modeste village de pêcheurs au cœur de la ville est célèbre pour ses restaurants.

BALNÉOTHÉRAPIE MARSEILLAISE - Bains de mer chauds. 94-96 Promenade de la Corniche
BAINS DE MER FROIDS
BAINS de MER CHAUDS
96
BALNEOTHERAPIE
ENTRÉE des BAINS
MARSEILLAISE
94
BIENFAITS des BAINS de MER CHAUDS
DOUCHES INTERNES
ANÉMIE, LYMPHATISME, NÉVROSE
GANGLIONS, MAL de POTT
RACHITISME, PARALYSIE INFANTILE
MÉTRITES, OVARITES, FIBROMES
ARTHRITES, FRACTURES, CONVALESCENCE etc
OUVERT TOUTE L'ANNÉE
Entrée de l'Établissement

Les bains de mers de Malmousque

L'engouement pour les bains de mer date de la fin du XIXe siècle et de l'aménagement de la corniche. Cet établissement est situé à proximité de l'anse de Malmousque.

L'anse de Maldormé

Cette calanque se trouve au pied de la colline d'Endoume. Une légende veut que des condamnés à mort y aient passé une très mauvaise dernière nuit... d'où son nom. C'est aujourd'hui un agréable lieu de villégiature et de baignade.

80 - MARSEILLE - Anse de Maldormé
Un coin des plus pittoresque de notre Corniche
Edition des Nouvelles Galeries

L'anse de Maldormé

Calés au fond de l'anse, des abris permettent de protéger les bateaux de pêche des intempéries. Ils sont souvent surmontés de petites habitations dans lesquelles les Marseillais viennent passer le week-end : les cabanons.

BELLE
JARDINIERE
Guende phot.
262 Marseille - (La Corniche) Endoume

La corniche à Endoume

Avant l'aménagement de la corniche – terminé à cet endroit en 1863 – le village d'Endoume était très isolé. Par la suite, le village connut un fort développement immobilier.

MARSEILLE – La Corniche – Pont de la Fausse-Monnaie

Le pont de la Fausse-Monnaie

S'élevant à 16 mètres au-dessus de l'eau et s'étirant sur 60 mètres, ce viaduc – comme celui du vallon des Auffes – a été construit lors de l'aménagement du deuxième tronçon de la corniche, entre 1861 et 1863.

133 MARSEILLE. - La Corniche, Malmousque et vue sur les Iles. SELECTA
The Cornice, Malmousque and view on the Islands. - LL

La pointe de Maldormé

Dès la fin du XIXe siècle, les petites calanques de la corniche ont très vite été des lieux de villégiature pour les touristes : villas et hôtels de luxe s'y établirent. En arrière-plan, on aperçoit les îles du Frioul et la silhouette du château d'If.

372
278 MARSEILLE. — Promenade de la Corniche. — Walk of the Cornice. — LL

La corniche et le marégraphe

Sur les rochers, un petit bâtiment abrite le marégraphe, fameux instrument dont les mesures prises entre 1885 et 1897 permirent de définir la référence nationale qu'est le niveau zéro de la mer. L'élargissement de la voie de circulation date de 1968.

75 — MARSEILLE - Entrée du Vallon de l'Oriol — ZZ
NOCES ET BANQUETS
RÉGLISSE
ZAN
PÂTES
BATONS
PASTILLES
EN VENTE PARTOUT

La corniche au vallon de l'Oriol

Le vallon de l'Oriol traverse le massif rocheux de la Garde et le quartier du Roucas blanc. Il est l'une des rares voies de circulation permettant de relier directement la corniche au centre de Marseille.

MARSEILLE — La Corniche - The Cornice
A LA GRANDE FABRIQUE
MAISON HENR

La corniche à l'anse du Prophète

L'hôtel *la Réserve* surplombant la corniche fut construit en 1860 par un riche restaurateur. Le palace devait son nom à la réserve de poissons frais qui lui était dévolue. Ladite réserve fut transformée en piscine en 1938 mais l'hôtel-restaurant fut détruit en 1969 pour permettre la construction d'une résidence.

MARSEILLE - La Corniche - Le Prophète
MARIE BRIZARD

La corniche à l'anse du Prophète

Le tramway favorisa le développement de la corniche et des villages qui la surplombent. Fleurirent alors de somptueuses villas. En contrebas, le petit port de pêche de l'anse du Prophète est devenu l'une des plages les plus fréquentées de Marseille.

Marseille – 111 – La Promenade de la Plage

La promenade de la plage au Prado

En 1900, la mer arrivait encore au pied de la promenade de la corniche. Aujourd'hui, le littoral a été déplacé de plusieurs centaines de mètres pour permettre la construction d'aménagements touristiques et sportifs.

Le rond-point de la plage du Prado

L'ancien casino ouvrit ses portes à l'angle de la promenade de la plage et de l'avenue du Prado à la toute fin du XIXe siècle, attirant la bonne société de Marseille. L'établissement périclita en 1928 et fut détruit peu après. Une copie de la célèbre statue de *David* par Michel-Ange orne le rond-point de la plage du Prado.

28 MARSEILLE - Le Château Borély
Guenae phot. Marseille

Le parc et le château Borély

Louis Borély, riche négociant marseillais, fit construire ce bâtiment en 1767. Vers 1860, le bâtiment et ses terrains furent cédés à la ville qui aménagea le parc tel qu'on le connaît aujourd'hui, avec ses pelouses, ses bassins, ses jeux d'eaux…

otypie E. Lacour. — Marseille
172 - Marseille - La Plage vue du côté droit

L'embouchure de l'Huveaune

C'est ici que le fleuve Huveaune – au premier plan – se jette dans la mer. Sur la vue actuelle, on aperçoit, à gauche, le champ de course de Borély, et, à droite, la plage de Bonneveine. Au loin s'élève le massif de Marseilleveyre derrière lequel se trouvent les calanques.

135 MARSEILLE. — La Corniche. — Bonneveine. — LL.

La corniche à Bonneveine

Le quartier de Bonneveine fut une zone de marais alimentée par l'Huveaune avant d'être assainie. Le nom de Bonneveine vient probablement de la *bona avena*, autrement dit de l'avoine qui y fut plantée. On aperçoit sur la vue ancienne, au sommet de la colline, le château Collet, détruit en 1943. En arrière-plan, le massif de Marseilleveyre.

225 - LES GOUDES - Vue sur la route

L'anse des Goudes

Au milieu du XIXe siècle, plusieurs industries étaient installées dans ce petit hameau. On y travaillait le plomb, la soude et le souffre. Aujourd'hui, les Goudes sont un exemple typique de ces petits villages au fond des calanques qui font pourtant partie de la Communauté urbaine de Marseille.

15 EN MER DE MARSEILLE A CASSIS.
Calanque de Callelongue. — LL.
SELECTA

La calanque de Callelongue

Toute l'année, Marseillais et touristes viennent nombreux à la calanque de Callelongue, située au pied du massif de Marseilleveyre. C'est l'une des calanques les plus accessibles et le point de départ des randonneurs qui rejoignent Cassis en longeant la mer.

89 En Mer de MARSEILLE à CASSIS. — Morgiou. — LL.

La calanque de Morgiou

La calanque de Morgiou est l'une des plus importantes de Marseille. À proximité, dans les falaises du cap de Morgiou, se trouve la grotte sous-marine découverte en 1991 par le plongeur Henri Cosquer.

CASSIS (B.-du-R.). — Vallon et Aiguille d'En-Vau

La calanque d'En-Vau

Anse secrète et difficile d'accès, la calanque d'En-Vau apparaît comme l'une des plus spectaculaires avec ses falaises calcaires tombant dans la mer. Elle est, depuis longtemps, un haut lieu d'escalade.

12 BAIE DE CASSIS. — Vue générale de la Calanque de Port-Miou. — LL.
SELECTA

La calanque de Port-Miou

Située sur la commune de Cassis, la calanque de Port-Miou est longue d'1,2 kilomètre ; son exploitation ancienne en carrière a singulièrement transformé son aspect. Très accessible, elle est devenue un immense port de plaisance.

L'auteur tient à remercier :
Gilles Sensini qui lui a fait découvrir Marseille,
André Forestier qui l'a si souvent accueilli et lui a fait visiter sa ville,
Marie-Pierre Lahalle pour son aide précieuse.

Édition : Mathilde Kressmann
Direction artistique : Isabelle Chemin
Maquette : Christine Dekerle / Murmures

Avec la collaboration de Nathalie Enguehard

Achevé d'imprimer en janvier 2007 sur les presses de l'imprimerie Mariogros, en Italie
Dépôt légal : octobre 2006

ISBN : 978-2-35179-004-5